青春文庫

小林ひろ美の10秒美肌マジック

小林　ひろ美

青春出版社

PROLOGUE

10秒ケアをすることは、毎日お得なポイントを貯めているのと同じこと

この本のタイトルは、『10秒美肌マジック』です。

「10秒で何ができるの？」「10秒で肌がきれいになるわけないじゃない」、という皆さんの疑問の声が聞こえてきます。わかります。かつて私も、ある程度時間を空けてエステに行ったり、高くて最新のコスメを買わなきゃキレイにはなれない、と思っていました。でも、そうじゃない。お金がなくても時間が少なくても、キレイの入口は日常の中にたくさんある、と気付いたのです。たったの10秒でも、意識してケアする時間が、1日24時間の中

に2回でも3回でもあれば、1日のトータルは20秒、30秒…と積もっていきますよね。何もしなかったゼロの場合より、確実に美容の点数を取っていけるんです。これはまさに、スーパーやドラッグストアのポイントを貯めているようなもの。貯めた方が絶対にお得とわかっていれば、ポイントをこまめに貯めますよね。同じことが、美容でもできるんです。

「私は忙しくて時間がないし」、という人もいるかもしれません。でも、どんなに忙しいといっても、スキマの時間、無駄な時間は必ずあるはず。その時間に、ひとつ10秒ケアをするだけで、肌は変わってきます。私も、そんな10秒ケアをチョコチョコ続けていたら、30代でガクンと落ちていた肌が立ち直ってきました。

「私は面倒くさがりだから続かない」という人も、10秒ならすぐトライできると思います。実は私も、元々は飽きっぽく、あまりに複雑なケアは面倒くさいな、と思ってしまう性分。だからこそ毎日同じケアはせず、いくつもの10秒ケアの中から「今日はこれをやりたい気分かな?」と、やる気になれるものを選び、自分を飽きさせない工夫をしながらケアしているのです。

会社にいても家事の合間にも、ちょこっと、こっそり、できることは色々あります。この本では、基本のスキンケアに加えて、そんなすぐできる10秒ケアをたくさんご紹介しています。まずは、「あ、いいかも♪」と、ピンと来たものをひとつやってみてください。そのアクションがまずは大切です。そして、どうせやるなら楽しく。〝やらねばならない〟ではなく、10秒の間〝面白い〟〝気持ちいい♥〟〝楽しい!〟と感じながら行えたらベストです。

たかが10秒ですが、されど10秒。10秒を笑う者は、最後に泣く結果になるかもしれません。さあ、まずは今日の10秒から!

CONTENTS

イラスト／いいあい
編集協力／斎藤真知子
本文デザイン・DTP／orange bird

CHAPTER 4

ひと工夫でプロの仕上がりになる美人メイクの極意

CHAPTER 5

お手軽アイデア満載のボディケアでうるツヤ肌をキープ

CHAPTER 6

スキマ時間に行えるエクササイズでこっそりキレイを磨く！

CHAPTER

1

ちょこっとアレンジで
スキンケアの効果が
10倍アップ!

for Skin Care

CHAPTER 1

毎晩のスキンケアと朝の油分&水分チェックで、シルク肌を育てましょう

朝起きたら、私がまず行うこと。それは、その日の肌の油分&水分チェックです。小鼻の部分を指で触って油分をチェック。目尻の下の頬骨のあたり、一番乾燥しやすい部分に軽く指で触れて、水分をチェック。

なぜそのチェックをするかというと、鼻はギトギトの油田なのに、皮膚の薄い部分は砂漠、という状態が、最もよくない肌状態なので、起きてから最初にその2カ所の状態がどうなっているかを知るのが、基本のキ、だからなのです。

両方とも、シルクのように、吸いつくようななめらかな手触りで、ベタベタもカサカサもしていないという状態ならベスト！　前の日の夜のスキンケアの手順や、塗ったものの量が、あなたの肌にぴったりハマった、という証です。

でも、〝笑ったときにつっぱるな〟という部分があったり、シルクというよりコットンぽいかも、というときは、水分が足りないという証拠。〝脂っぽくはないからまあいいわ〟と、放っておくと、透明感が落ち、次第にツヤがなくなってしまいます。

そのまま一日がスタートしてしまうと、紫外線がガン！　と当た

ることによって活性酸素が出てしまったり、乾燥が進んでしまうなど、負のスパイラルへまっしぐら。さらにその先に待っているのは、角質が溜まってゴワっとしたデニム肌……！

私が理想としているのは、常に、シルクのような手触りや光沢のある肌。だからこそ、「あれ？　コットンっぽい？」と感じた段階で手を打つようにしています。

朝、しっとりと吸いつくような肌を育むためにするのが、夜のスキンケア。肌も体調も、調子がいいかどうか、前日の結果がどう出たか、ということがわかるのは、朝。だからこそ、まず朝一番の肌をチェックして、前日のケアがどれだけ活きたのか、反省点がなかったかなどを、確認することがとても大切なんです。

毎日のスキンケアって、ホントに地味～な作業です。言ってみれば〝夜中の素振り〟のようなもの。一生懸命やったからといって、誰かが「わーきれい！」と褒めてくれるわけじゃないし、やってもすぐに効果が出ないかもしれない。「何のためにやってるのよっ」と感じることもあると思います。私も、「あぁ、今日は面倒くさいな」と思う日だって、もちろんあります。

でも、その毎日の微差がチリも積もればで、数年後に大差を生むんです。それがスキンケア。そのための〝チリ積も貯金〟を、今しているんだと思っています。私はスキンケアをする場所に、好きなCDやアロマキャンドルを置き、「面倒くさいと思ったけど、あそこに座ってあの音楽を聞いて、あの香りをかぎながらクリームを塗りたい♪」と、自然に楽しく思える空間にしています。

そんな風に、美容が楽しくなるような美容動線を作ることも大切。どうせやるのなら、気づけばそこに吸い寄せられていた、と自然に足が向くような、楽しい空間を作っておきましょう。

甘く見ちゃいけない美容の要

クレンジング

肌表面のホコリや皮脂、メイクなどを“落とす”、最初のステップがクレンジング。すべてのプロセスを優しい力で行いましょう。クレンジングを軽く考えず、年齢が高くなるほど、ここにはお金をかけるのが基本です。

1 手のひらでクレンジング剤を温めて、顔の5カ所に置く

クレンジング剤を手のひらに取ったら、両手で包んで温める。両頬、額、鼻筋、あごの5カ所に置く。量が少ないとこする原因になるので、ケチらないこと。

10秒美ワザ

ミルクやクリームタイプは、手のひらで温めることで、グンと肌なじみがよくなります

2 顔の筋肉の流れに沿って、内→外へクルクル

両手の中３本の指を中心に使い、あご→耳下、口の横→耳の中央辺り、小鼻の横→こめかみとクルクルなじませていく。強い力はＮＧ！

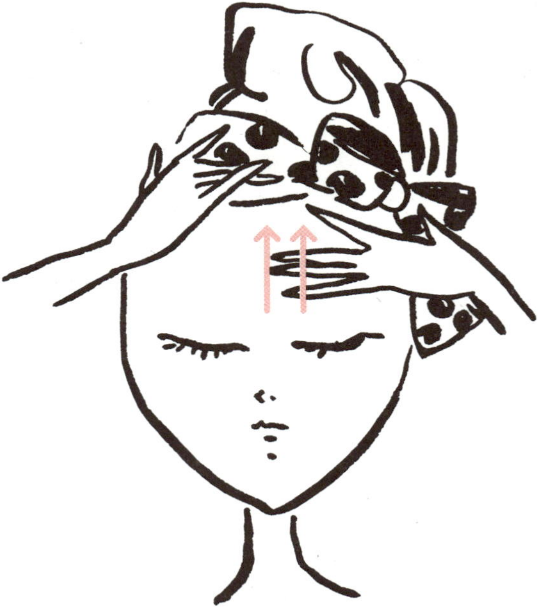

3 おでこはシワ対策も兼ねて下→上に動かして

おでこは下から上に指を動かしながら、クレンジング剤を広げてなじませて。ギュウギュウ引っ張るのではなく優しい力で。

4 髪の生え際ラインも忘れずに。こめかみのツボを優しくPUSH

おでこ中央の生え際辺りから、輪郭に沿ってクルクルと、指の腹でらせんを描く。仕上げにこめかみを優しくプッシュ。

10秒美ワザ

こめかみプッシュで、めぐりがアップ。顔色が明るくなるので、くすみ対策にも!

5 脂を取りたい中央部分は親指フックで優しく

脂が多く、しかもデリケートな中央部分は、まず親指をあごにかけて支点を作る。中指をメインに、薬指を補佐にして、上下に軽く動かしてなじませる。

6 あご部分は ペリカン顔を 作ってクルクル

あごは、舌を下の前歯の前側にぐっと入れ、ふくらませてから、クルクルと優しく円を描きながらなじませる。

10秒 美ワザ

ペリカン顔でなじませれば、溜まりがちな汚れもしっかり落ちて、大人ニキビも予防できる

7 デリケートな目元は 中指の腹で優しく なじませて

濃いアイメイクの時は専用のクレンジングを。軽い場合は、中指の腹で円を描いて優しくなじませる。上から下にゴシゴシは絶対ＮＧ。

8 ティッシュで汚れを優しく移し取る

全体にクレンジング剤がなじんだら、三角形に半分に折ったティッシュを、顔半分に優しく押し当て汚れを吸わせる。反対側も同様に。

Column

目の周り・口の周りはデリケートなVIPゾーン。小鳥の頭をなでるような力で!

目の周り、口の周り、小鼻など、赤味が出やすいデリケートな部分を触るときは、とにかく優しく柔らかい力で、小鳥の頭をなでるような気持ち、VIPを扱う気持ちで行いましょう。スピードも他の部分の1/3くらいにスローダウンして。スキンケアのどの段階でも共通の注意です。

ちょこっと工夫で賢く洗える

洗　顔

クレンジングで浮かせた表面の汚れと共に、今度は内側の汚れも落とすのが洗顔。力は優しく、脂の多い部分を先に洗う、などちょっとした心がけで、シルク肌に近づきます。ニキビの原因にもなる洗い残しにも気をつけて。

クレンジングと同様に、洗顔も優しい力で行うのが基本中の基本。力まかせに上下にゴシゴシ、は厳禁です。上下にしか手を動かしていないと、汚れの溜まっているフェイスラインには指が届かない上、デリケートな頬の部分を傷める結果に。

これはNG

両手で上下にゴシゴシの丸洗いでは、洗い残しやすすぎ残しで、肌荒れに

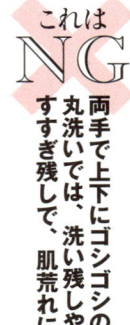

1 ひっくり返しても落ちないくらいのモコモコ泡を作る

洗顔料を空気を含ませながらよく泡立て、モコモコの泡を作る。ピンポン玉2個くらいの大きさを目安に。洗顔ネットを使ってもＯＫ。

裏ワザ

旅行にも出張にも使える、超簡単“ラップ泡立て”

洗顔ネットがなく、泡をうまく立てられない人は、20cm四方にカットしたラップを使って。クシャクシャにして洗顔料と一緒にもむと、大量の泡が作れます。終了後は伸ばして鏡にピタッと貼っておけば、何回も使えて便利。

2 Tゾーンを先に洗って、Uゾーンとの時間差をつける

脂の出やすいおでこと鼻筋、あご先のTゾーンに先に泡をのせて、クルクル洗う。おでこは下から上に、あごは円を描くようにして。

10秒 美ワザ

同じ洗顔料でも、Tゾーンを先に洗うことで、乾燥しやすいUゾーンを傷めず洗える

3 Uゾーンは内→外の方向に、泡を転がしながら

次に両頬のUゾーンを、内側から外側に向けて円を描きながら洗う。泡を肌と手の間で転がすつもりで、指で肌を引っ張らないように。

Column

乾燥肌の人の強い味方は、潤いを守りながら洗える洗顔前の“乳液シールド”

洗い流した後に、目や口周りがつっぱるような乾燥肌の人は、洗顔前に、乾きやすい目元と口元に乳液を軽く伸ばしましょう。乳液の質感が変わってテロっとなり肌になじんだら、Tゾーンから順番に洗いましょう。それだけで、洗顔後、顔全体の潤いバランスがよくなります。

4

こめかみからフェイスラインの隅っこもきちんと洗う

こめかみから髪の生え際の、洗い残しやすい隅っこ部分は指を軽く立てて洗う。ファンデやホコリが溜まりやすい部分なので、忘れずに。

5 チョキチョキ洗いで、汚れやすい耳の周りもきれいに

あごから耳に向けて、輪郭をチョキではさんで軽く押していく。脂の溜まりやすい耳の後ろまで、きちんとチョキではさんで洗って。

汚れの溜まりやすい、あごから耳にかけてのフェイスラインを洗いながらマッサージ

10秒美ワザ

6 肌をこすらないように観音開きですすぐ

洗顔料を洗い流すときは、手のひらで肌をこすらないように。お湯をパシャッと当てたら、両手を観音開きにする動作を繰り返して。

7 タオルではなく、顔を動かして優しく押さえる

拭く時も上下にゴシゴシは厳禁！タオルを動かすのでなく顔を動かし、タオルに優しく押しつけながら水分を移らせていく。

水をめぐらせる大切なステップ
化　粧　水

クレンジングと洗顔で汚れを落とした後の、肌を潤すステップが化粧水。洗顔後すぐにサラッとした質感のものをさっと塗っておき、その後しっとり系のものをじわじわ重ね塗りしてしみ込ませるドリップ式がオススメ。

1 内→外に素早くスルスルなじませる

なじみやすくするために、化粧水を手のひらではさんで人肌に温める。まずは、顔の内側から外側にササッとなじませる。

2 顔を上下に動かしながらトントンづけ

２度目も同様に化粧水を温める。脇を締めて両手を顔に当て、顔だけを上下に軽く動かしながらトントン…と叩きながらつけていく。

10秒美ワザ

垂直の刺激を与えることで、細かい毛細血管も元気になり、全体のめぐりがアップ!

眼鏡の押しグセなどで、
くすみやたるみの始まる
危険ゾーンは、
化粧水をきちんとイン

10秒
美ワザ

3 5カ所づけの最初は、指が届きにくい目頭から

さらに化粧水を同様に手のひらで温めたら、
5カ所のハンドプレスを。最初は中指の腹で、
目頭と眉頭をつなぐくぼみの辺りを押さえる。

4

手のひら全体で顔を覆ってしっかりプレス

2カ所目は、手のひら全体で顔を覆って、軽く押さえながらじっくり浸透させる。

5

フェイスラインも忘れずに浸透させる

3カ所目は、手のひら全体で左右のフェイスラインを覆って、軽く押さえる。忘れがちな部分なので、必ずきちんと押さえてあげて。

6 おでことあごを水平にはさんでサンドイッチづけ

４カ所目は、左右の手を水平にして、おでことあごを包みこむようにして軽く押さえる。「入れ〜」と念じながら浸透させて。

7 ダメ押しの目頭&目尻押さえで完璧に

5カ所目は、両手でチョキを作って、目頭と目尻をピンポイントで軽く押さえる。

10秒美ワザ

手の温度が充分温まり、水分がたっぷり入った状態で押さえることで、くすみや乾燥防止に

8 グーを作って水分満タンチェック!

ラストにグーを作り、第一関節と第二関節の間の部分で、目の下に触ってみる。ヒヤ〜ンと冷えて吸いつく感じなら、満タン。温かかったりサラサラなら、2のトントンづけをもう一度。

潤いにガード膜を張るステップ

乳液 or クリーム

化粧水がしっかり入って潤ったら、油分でガード膜を。この段階に使うものは、乳液でもジェルでもクリームでも、その人に必要なものでOK。しっかり肌を守るタイプ、内側にスルスル入り込むタイプなど、お好みで。

1 塗ったものを崩さないよう優しくプレス

乳液やクリームも手のひらで温めてから、クレンジングの1と同様に、顔の5カ所に置く。内から外に向け、優しくプレスでなじませて。

2 目元に負担をかけずに塗れる“ご近所チョイチョイづけ”

目元のシワに塗る時は、シワのすぐ下のご近所辺りを指で軽く押すと、シワ部分がぷくっと高くなるのでそこにチョイチョイとつけて。

軽く近くを押せば、
デリケートな目元を
引っ張ってしまうことなく、
シワの奥まできちんと塗れる

10秒
美ワザ

3 深いシワは“開きづけ”で奥まできちんと塗り込む

さらに深い目尻のシワは、片手をチョキにしてシワの両側に当て、軽くシワを押し開いて奥にきちんと乳液やクリームを塗り込む。

シワの上から強く塗るのではなく、軽くシワを開くことで溝部分に栄養をきちんと届ける

10秒 美ワザ

4 消したいほうれい線には“プンプンづけ”

ほうれい線の部分は、口の中に空気を入れて頬をプッとふくらませ、表面に押し出してから、乳液やクリームを塗り込んで。

目元と同じく、シワの溝の奥まできちんと塗ることで、老け顔の原因、ほうれい線を防止!

10秒美ワザ

肌の悩みに合わせて使えばOK

美容液

落とす・潤す・ガードする、の基本の３ステップ以外に、美白したい、リフトアップしたいなど、悩みを解決するためにカンフル剤的に働いてくれるのが美容液。使う場合は、化粧水の後、乳液やクリームの前に。

CHAPTER

2

自宅でできる
エステテクで
肌トラブルを
速効レスキュー

for Trouble Rescue

CHAPTER 2

ストレスを小出しにして、自分のご機嫌を上手にとれば、肌トラブルとサヨナラできる

働いている人もお母さんも、現代の女性はとにかく常にストレスにさらされているような状態です。特に女性は、1カ月の中、1日の中でもバイオリズムが大きく変動するので、何かわからないけれどイライラしたり、心がささくれ立って、周りは全部敵！みたいな心境になることもあると思います。いくつもの肌トラブルに悩んでいる方も多いと思います。

でも、そういう不満や愚痴を普段から小出しにしていくだけでも、随分上手に自分のご機嫌とりができるんです。不満を自分の

中に溜めて、こもってしまうと、そのこもりが吹き出物となって出たり、咳となって出たり、家族に対してヒステリーを起こす形で出たりしていまいます。そうなる前に、自分でチョチョッと吐き出しておく方が、心にも肌にもいいんです。

その吐き出しのために、私が行っているひとつの方法は、〝毒出し日記〟。お風呂の中で専用のノートに、嫌なことや心につかえたことを書いてしまいます。そして、汗と一緒に流し、翌日に持ち越さない。お風呂から出たら、ショッキングな映像は極力見ない。それだけでも、眠りにつく時の気分が格段に違います。眠りがスムーズな方が、翌日の肌にももちろんいい影響を与えます。

私も色々と失敗を繰り返しながら、上手に自分のご機嫌をとれるようになってきました。心が後ろ向き発信の時は、どんなに高価な化粧品を上からのせても、ちっとも効いてきません。効いてこないから「何だ、結局効かないじゃん」と、負のスパイラルに勝手に落ちていくようなことになりがちです。

それを、前向き発信の気持ちに持っていくようにすると、周りで一緒に愚痴っていた相手が自然に減って、ポジティブな思考の人と新たに出会うようになっていく。そういう引き寄せの法則は、本当にあるんだなと思います。ネガティブなパワーしか出していないと、病気も含め、ネガティブなものしか寄ってこないのです。

そういうことに気づき、肌のためにこういうことをやってみよう、とトライし始めてから、気持ちも前向きなら、肌はちゃんと応えてくれる、ということを実感しました。

そうなると今度はプラスのスパイラルに入れます。私の場合は、理想の肌を目指して〝こんな方法は？〟〝あれを使ったらどうかな〟と、どんどんアイデアが生まれてくるようになりました。家の中のものを使ったり、おかしなネーミングのケアを見て「どういう時にアレを思いついたんですか?」とよく聞かれたりもします。私が魚座だからかなと思っているのですが、お風呂に入っている時、食器を洗っている時などなど、何か水に触っている時に「あれをああしたら…!?」とひらめく事が多いのです。

そうやって、色々な肌トラブルへの対処法を考え出してきました。もし今、何か肌トラブルを抱えていても、メンタル面の調子を上げるように心がけていれば、必ず肌もそれに影響を受けて、改善していくと思います。

飲み過ぎた翌朝をレスキュー

むくみ

顔が極端にむくんでしまった時でも、肌に大きな負担をかけずに、むくみをスッキリＯＦＦできるテク。めぐらせ力があり、指もすべらせやすいオイルの力を利用して。

1 リンパの集まる首をまず温めて、めぐりスイッチをON

蒸しタオルを作り、首にぐるっと巻く。その状態で、オイルを顔全体に広げて。オイルの量は、小さじ約1杯分くらいを目安に。

10秒美ワザ

首を温めることで、耳下腺リンパ節も集中的に温まり、一気にめぐりを促せる

2 しゃくとり虫プレスで、むくみを押し流す

両手のひらを顔に当て、下から上へしゃくとり虫の動きのように押しながら、力を入れる、抜くを繰り返し、むくみを排出。

3 上から下へ、指で優しくさすり下ろす

仕上げに、顔の中心を、指で上から下へとさすり下ろす。むくみを流しきるつもりで。

4 首のタオルで余分なオイルを吸わせて終了

ベタついていたら、首に巻いていたタオルを顔に当て、余分なオイルを吸わせて終了。その後、いつものスキンケアを。

触れるのも怖い時の緊急ケア

日焼け

急な日焼けで、真っ赤になって熱を持っているような時は、美白コスメをいきなり使うのではなく、冷却・沈静を第一に考えて。美白ケアは肌が落ち着いてからに。

1 興奮状態の肌を精製水でまずは沈静

コットンに精製水を含ませて、顔全体を優しく拭き取る。ごく弱い力で引っ張らないように。冷たく絞ったタオルでもOK。

2 ワセリン・オン・コットンで刺激せず保湿を

直接クリームなどを塗るのも怖いくらいヒリヒリしていたら、水で軽くしめらせたコットンをのせ、その上に冷蔵庫で冷やしたワセリンを塗って沈静。ワセリンを直接塗ってもOK。

ピンポイントで賢く美白

シミ

こめかみから目尻下にかけてのビッグC、目頭・小鼻・口角に沿うリトルCゾーンが、シミやくすみの出やすい部分。目立つシミや色ムラは、集中点美白ケアを。

美白美容液をコットンにしみ込ませ、テープで固定

コットンやガーゼをシミや色ムラ部分の大きさにカット。それに美白美容液をしみ込ませ、医療用のサージカルテープでシミ部分に貼り、集中的に成分を送って。

10秒美ワザ

シミがハッキリしているのなら、ピンポイントで美容成分を浸透させるのが美白ケアの近道

負担の少ないマイルドピーリング

角　質

物理的にこすったりしないので、乾燥肌や敏感肌でも、負担をかけずに古い角質をオフできる“なんとなくタラソ”ケア。お風呂の中で行えばより負担が少ない。

1 洗面器に塩をよく溶かしておく

粗塩を洗面器に入れてよく溶かす。洗顔時に、このお湯で1度すすいでから通常の洗顔をすると、無理なく古い角質が取れる。

2 粗塩湯に浸したコットンでマイルドピーリング

1のお湯にコットンを浸し、そのまま頬や鼻などにのせ、しばらくしたら洗い流す。塩が肌表面の古い角質をマイルドに溶かしてくれる。

自動的にチークが入る速効ワザ

くすみ

外出先でメイクをしていても簡単にできる、顔色アップケア。頭の血流も上がるので、顔色が悪い時だけでなく、頭が重い時、ボーッとして集中できない時にもオススメ。

1 あご下から耳下まで徐々にずらして親指PUSH

あごの下に両手の親指を引っかけ、ゆっくり５つカウントしながら押す。そのまま耳下まで、左右それぞれに１㎝程度ずつ動かしながら、５カウントずつ押す。

2 ツボを刺激しながら耳ワンタンで10秒

耳下のリンパ節を親指で押しながら、他の4本の指で耳を折りたたみ、ワンタン状にして10秒キープ。イタ気持ちいいくらいの強さで。

耳下腺リンパへの刺激でめぐりがよくなる上、消化器系のツボも刺激されるので食欲抑制も

3 一気に離せば血液がどっと流れて顔色UP

10秒経ったら、指を一気に耳から離す。圧迫されていた毛細血管に一気に血が流れ、耳から顔、頭にかけてめぐり出し顔色もUP。

肌の調子が落ちたら実行

お疲れ肌

全体に疲れて肌色が曇りがち、ハリ感がなく疲れた印象、などの時のスペシャルケア。お風呂に入りながらのケアで、１度で鏡のような光沢が出て、元気でハリある肌に。

1 栄養クリームを顔全体に盛る

お風呂で洗顔終了後、栄養クリームと呼ばれる夜用クリームを、顔全体に塗る。肌が見えなくなるくらい、たっぷりと盛って。

2 ラップで巻いて汗が出るまでじっくり浸透

1の上に、ラップをまず鼻の下からデコルテにかけて１枚巻く。鼻の穴部分は開けて、もう１枚を顔の上半分に。そのまま汗がダラっと出るまでおき、ラップを外したら余分なクリームだけ拭き取る。

温熱効果で強力保湿&時短にも

極度の乾燥

冬場などに全体がつっぱったり、粉を吹いてしまうくらい乾燥している肌を助ける、乳液プラスの強力シートマスク。朝シャワー派の人の時短にもなる賢いアイデア。

1 シートマスクの上から乳液をたっぷり

お風呂上がりにシートマスクをつけ、上から乳液を全体に重ねて伸ばす。粉吹き部分や目元など、乾きやすい部分は厚めに塗っておく。

2 シートマスクを裏返して装着したままドライヤーを

1のマスクをクルッと引っくり返して、乳液がついている側を肌につける。そのままドライヤーの温風で髪を乾かせばOK。

10秒
美ワザ

温熱効果で成分も肌にグングン浸透し、同時に髪の毛も乾かせて、一石二鳥!

パソコン疲れの目玉を冷やす

疲れ目

ＰＣや携帯の画面を頻繁に見ている目は、熱を持ちやすく常に疲れている状態。眼球のクールダウンと目周りのシワ防止を一緒に行って、疲れた目をいたわって。

1 クールダウン系の目薬を数滴

寝る前にクール系の目薬をさし、ＰＣや携帯を見て昼間の間に熱を持った眼球を冷やす。

ユニーク裏ワザ

アイクリームは、簡単ホットプレート塗りを

耐熱性のガラスのソーサーなどを用意して、ボールに入れた熱いお湯にくぐらせる。水分は拭き取り、温まったソーサーの上にアイクリームを少量のせ、トローンといい具合にゆるんだところで目元に塗ると抜群になじむ。

2 アイクリームを薬指で優しく塗って

アイクリームを目の周り全体になじませる。薬指の腹で、目頭下から目尻を囲み、まぶたを通って目頭の上側へと円を描くように優しく塗る。

3 ピアノタッチでポロポロ♪と軽くなじませる

さらに両手の中３本の指で、ピアノを弾くようなタッチでポロポロ…と軽〜く叩きながらなじませる。強い力で引っ張ったりしないように。

4 シルク製のアイマスクを装着して就寝

そのままシルク製のアイマスクを装着して就寝。シルクの保湿効果とアイクリームの成分の相乗効果で、しっとりハリのある目元に。

SPOON MASSAGE

スプーンマッサージ誕生秘話

今では私のオリジナルケアの代表的存在となった、〝スプーンマッサージ〟。誕生の発端は、さかのぼること21年前、友人宅でアイスクリームを食べながら、サッカーのワールドカップ観戦をしていた時のことです。興奮して、アイスを食べていたスプーンで頬をピシャピシャ叩きながら見ていたのですが、翌朝、寝不足にも関わらず何だか肌がツヤピカに。驚いて母に経緯を話すと、「それはスプーンで叩いていたからよ」との説明が。

その後32歳頃に、完全に肌のバンカーに落ち、どうケアしていいのかわからなくなった時にこの出来事を思い出し、久しぶりにスプーンを取りだしてとにかくパタパタ始めてみたのです。

肌全体の調子がよくなり、続けていたら出来ていたシミも消えるなど、効果はテキメンでした。さらにスプーンが、パッティングだけでなく汚れをかき出したり、温冷ケアが簡単にできたりと、多機能に使えることも発見。そのおかげで、家の中にある他のアイテムも美容に使えるのでは!?　と目を向けるようになったのです。本当に、スプーンさまさまです（笑）。

ちなみに、自分の顔と似た形のスプーンが、基本のマイスプーンになる可能性が高いので、迷ったら自分の顔型と似た形のものを選んでくださいね。

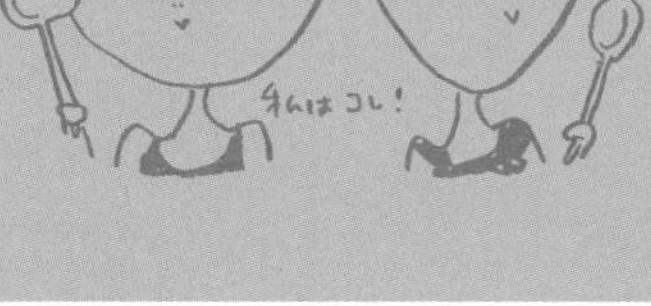

SPOON MASSAGE

泣き過ぎ、寝過ぎの翌朝に

目元のむくみ

寝る前に泣いてしまったり、休日に油断して寝過ぎてしまい、まぶたが重く、パンパンにむくんだ時の救急ケア。気持ちいいからとギュウギュウ押さないように注意。

10秒美ワザ

スプーンは一度冷やすとしばらく冷えたままなので、クールダウンに最適

1 スプーンの背中側でまぶたを軽くマッサージ

ディナースプーンなど大きめのスプーンを、氷水で冷やす。スプーンの背中側をまぶたに当て、2～3回左右に軽く揺らしてマッサージ。

2 目の下側にも当てて、じんわり冷やす

目の下側に、同じくスプーンの背中側を、5～10秒程度当てる。肌が冷たさをじんわり感じてくるまでを目安に、あまり長時間当てないこと。

3 アイホールラインをスプーンのフチで軽～く揺らして

眼球の上側のラインにスプーンのフチを当て、そのまま左右に軽く揺らしながらマッサージ。1～3を反対の目も行う。力を入れ過ぎないように。

SPOON MASSAGE

スプーンの力を上手に利用

小鼻の黒ずみ

小鼻や鼻の先端に表れがちな、毛穴に詰まった黒ずみ。詰まった皮脂に汚れが付着したものなので、スチームでよくゆるめ、スプーンの力を借りて上手に掃除を。

1

スチームを当て充分に毛穴をゆるめる

ボウルに熱いお湯を張り、その湯気を鼻に当てる。1～2分程度当てて充分に毛穴をゆるめる。頭の上からバスタオルを被ってもOK。

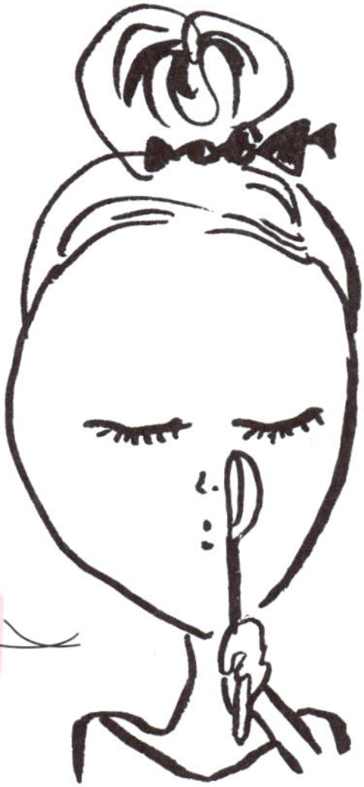

2 スプーンの端を使って汚れをかき出す

充分に毛穴がゆるんだら、スプーンのフチを使い、軽く押しながら皮脂をかき出していく。強くこすり過ぎないように注意を。

10秒美ワザ
スプーンなら、狙った毛穴のすぐ横に当てて汚れを出しやすく、爪で傷つける心配もなし

3 さらにスプーン冷却で毛穴を引き締め

今度はスプーンを冷蔵庫か氷水で冷やし、小鼻に軽く押し当てながら毛穴を引き締めていく。

他は枯らさずピンポイントケア

ニ キ ビ

突然ニキビができたからといって、顔中ニキビ用コスメを使ったらシワシワになる可能性も。ニキビ部分はそれ以上ふくらまさず、他の部分は保湿できるようなケアを。

1 通常の保湿ケア後、綿棒でニキビ部分のみ軽く拭き取る

まず通常の保湿ケアを顔全体に行い、次に綿棒でニキビ部分だけ軽く拭き取る。綿棒の反対側にカラミンローションの粉末を含ませる。

2 ニキビ部分のみ専用ローションをONして、サイズダウン

カラミンローションの粉末をつけた綿棒を、ニキビにチョンチョンとつける。ひと晩で炎症を抑えてくれ、サイズもひと回り小さく。

CHAPTER

3

めぐりを促す エイジングケアで 5年後に差をつける!

for Ageing Care

CHAPTER 3

老化を怖がったり、正面から迎え撃つのではなく、半歩リードで仲良く並走

年をとり、老けて肌も衰えていく、ということに対して、恐怖を感じる人が多いと思います。私ももちろん、両手を広げてウェルカム！　というわけではありませんが、老化に対しての考え方が以前とは少し変わりました。

今考えると、30代の、特に後半の頃には、「老けたくない！」という恐怖心みたいなものがとても強く、必死で戦っていました。肌のバンカーに落ちてしまい、何とか這い上がろうと、頑張ってセルフケアをしていた時期でもあります。

たまたまその時期に、美容にとても詳しい人が身近にいて、「肌は40歳になったら汚くなるから、何かやった方が絶対いい」「あそこのクリニックがいいわよ」と、色々教えてくれていたのです。そんな話を聞き、「そういうもので解決しちゃおう！」と、何度か人の手を借りてのケアも試していました。

　でも、クリニックに通い、ケミカルな力や機械の力を借りてのケアは、次々に新しいオススメのケアを紹介され、最終ゴールが見えなくなりがちで、何のために頑張っているのかがわからなくなりました。また、例えば無理やり引っ張り上げたり、動かないような顔は、やっぱり自然ではないな、とも感じ始めました。

　そんな時期に、あるカメラマンさんの言葉を聞いたんです。ベテランのカメラマンさんですが、その方は、「赤ちゃんの目はイノセントで、もちろん美しい。でも、年を重ねていった人は、白目は赤ちゃんよりは濁ってくるけれど、酸いも甘いも色々な経験を重ねた人の目は柔らかい光を放っているし、撮っていてあったかいオーラでくるまれるような感じがする。それなのに、表面だけ吊り上げちゃったりしていると、目だけは年相応なのに肌はピーンって若いから、それはどうなのかな？　って僕は思うんだよね」とおっしゃっていました。それを聞いた時、エイジングに対して真正面から戦うぞ！　と、来るもの全てをめった切りにしようとしていたのは、やっぱりおかしいな、と思ったのです。

それからは、どうやっても年はとるし、体も肌も衰えてはくるけれど、その年齢でできる自己肌ベストをキープしていけばいいんじゃないかな、と思うようになりました。中古車になるのではなく、クラシックカーを目指せばいいじゃない、と。

うまく年齢を楽しみながら重ねていって、不必要な線や点はつけないように気をつけて行く。そう思うようになってからはかなり肩の力が抜けて、肌もそれを表してくれるようになりました。その人が心地よく、心もリラックスして毎日イキイキ輝けるのが、正しいビューティフルエイジングなのではないでしょうか。

ですから今は、エイジングを正面で待ち伏せして叩くのではなく、並走しながらも半歩リードくらいで、横目で見ながら走るつもりです。エイジングがちょっと出過ぎたら、ちょっと押し戻す感じで。そのくらいに思っていると、本当に楽チンですよ。

たるみを解消してシャープに

二重あご

二重あごが目立ってきたなら、全体の輪郭も重力に逆らえず、もたついてきているはず。力任せに引っ張り上げるだけでなく、“つまみ下げ”も入れてシェイプを。

1 指ではさんで、パチンとつまみ下げ

親指をあごにかけ、人差し指の先から第二関節くらいを使い、あごから耳下までの輪郭のハミ肉を、パチンパチンとつまみ下げる。

2 引き上げクリームをチョキチョキ塗り

たるみ予防成分の入ったクリームなどを輪郭に塗る。片手をチョキにして、反対側の輪郭をはさみ、あごから耳まですべらせる。

3 さらに耳を斜め上にキュッとアップ

両手の人差し指と中指の間を広げて、左右の耳をはさみ、斜め上にキュッと軽く引っ張る。

4 輪郭を覆うようにマスクを装着

市販のマスクを、輪郭に沿って、フェイスラインの骨を覆うようにしてつける。そのまま寝てしまってOK。

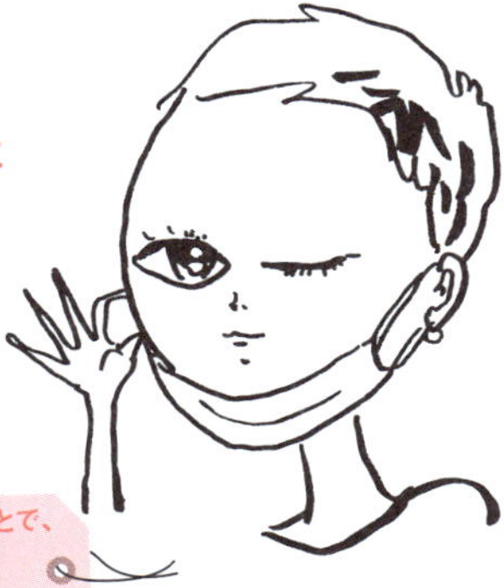

10秒美ワザ

マスクでシールドすることで、軽く引き上げられるし、たるみ防止成分もじっくり浸透

ほぐしてキュッと引き上げ

顔のたるみ

たるみが気になる時は、頬だけに化粧品を塗り込むより、頭皮から血行をよくして頭と顔の筋肉をしなやかにする方が確実。写真を撮る前に１・２を行うと効果抜群！

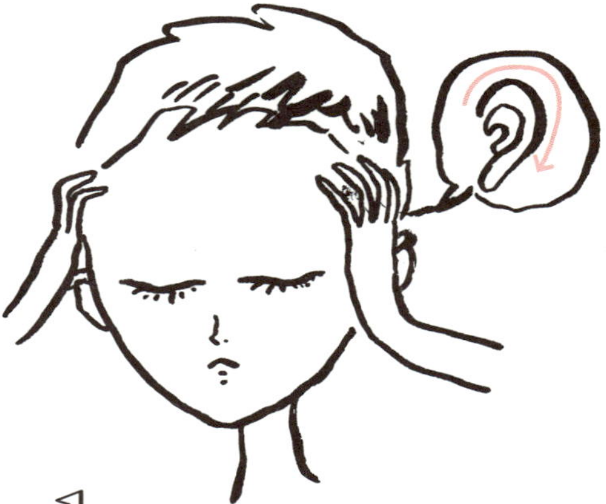

1 熊手の手で頭皮をぐるりんとスライド

両手の指先を立てる熊手の形にし、前から髪の毛をかき上げるように頭皮にすべらせる。親指が耳の後ろの部分を通るように。

2 キツネ目状態で頭皮をキュッキュッ

熊手のまま頭の両端を軽くつかむ。そのまま下を向き、キュッと頭皮をつかんで引っ張る。キツネ目になるくらいの力で5回。

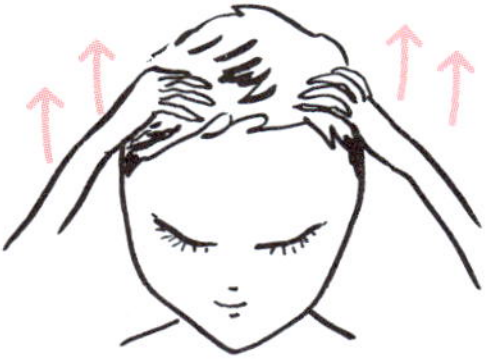

頭の血行がよくなり、頬を支えている筋肉もしなやかになって、顔がキュッと上がる

10秒美ワザ

3 リフトアップしながらヘアバンド装着

ヘアバンドを、顔の皮膚を頭の側にずらし、リフトアップしながらつける。

4 首のたるみもつまんで眠って強力リフトアップ

最後に首の後ろ側の、髪の生え際辺りのたるみやすい部分をぐいっと縦につまみ、そのまま枕にのせて就寝。翌朝の頬がかなりアップ。

ふっくら柔らかモチモチ肌に

ミルフィーユ塗り

角質が肌表面に溜まり、普段通りにローションが浸透しない、ゴワつく時のスペシャルテク。洗顔後、まず乳液を塗り、次に化粧水、また乳液、化粧水…と、乳液と化粧水を重ねて層を作ると、もちっとした柔らか肌に。

デリケート部分の気づかいルール

VIPケア

目の周り、口の周りなどのデリケートなＶＩＰゾーンは、オイルマッサージなどが逆にトラブルを招く場合も。オイルを足した乳液などで、ご機嫌を損ねないケアを。

1 手持ちの乳液にオイルを１滴プラス

乳液やクリームに、オイルをほんの１、２滴垂らして混ぜる。オイルはサラッとして、浸透性のよいタイプがオススメ。

10秒美ワザ

混ぜることで、シールド効果、浸透力UP、めぐりを促進と、足し算でなく、かけ算の効果に

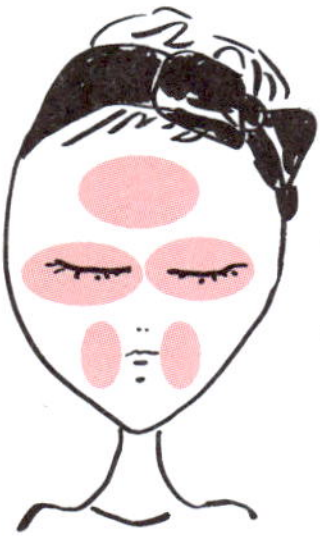

2 VIPゾーンに静かにのせるだけ

目・口の周り、おでこなど、乾きやすい部分や表情ジワの出やすい部分に、チョンチョン…と静かに塗布。指でマッサージしなくてＯＫ。

へたり肌にエナジーチャージ

オイルコットン

全体に肌がつっぱる、ゴワつく時や、敏感で薄い肌で、マッサージなどは逆効果になってしまう時などに、気になる部分を集中保湿できる、最強シートパック。

1 化粧水&オイルをコットンにしみ込ませる

コットンに化粧水をしみ込ませて湿らせ、そこに100円玉大のオイルを垂らす。指でふにふにともんでコットン全体に行き渡らせる。

2 乾きすぎや、ゴワつき部分に、コットンをペタッ

コットンを2～3枚に裂き、乾燥部分に貼りつける。そのまま数分おくだけ。お湯を張った洗面器を下に置き、スチームを当てるとさらに浸透。

10秒美ワザ

オイルのシールド効果で化粧水の成分もオイルの成分も、肌の奥まで一気に浸透!

Column

“水と油”、本当は仲良し!? 先に水気がある方が、オイルはなじむ

スキンケアに限っていえば、乾いた状態の肌より水気がある肌の方が、オイルはなじみやすいのです。だからオイルを使ったケアをするなら、お風呂上がりがベスト。もし乾いた状態なら、スプレー化粧水などで水を与えてからが◎。

たった1分でグングン血行促進

顔の100たたき

化粧水をつけ終わった段階で行うと、一気にめぐりがアップするのが顔の100たたき。酸素や血液がめぐる状態になったところで美容液や乳液をつけて。

上→下、下→上、上→下で90回、フェイスラインを上→下へ10回

両手の中3本の指の腹を使い、おでこ→目の下へ、目の下→鼻の下へ、鼻の下→口の下へと半円を描くように、それぞれ10回ずつトントンと軽くたたいていく。次に降りてきたラインを逆にたたきながら上へ。さらに再度下へ。最後に、おでこからあごまで10回たたきながら降りてきて、終了。

老廃物が流れやすくなる

首の100たたき

“顔の 100 たたき”と一連の流れで行ってもよいのが、こちら。耳下腺リンパ節から、鎖骨近くのリンパ節に老廃物やリンパ液を流しやすくなり、顔も首もスッキリ。

外→内へ
トントンたたき
ラストは
上から下へ

右手の中3本の指の腹で、首の左側 1/3 くらいを、外側から内側へ向けてトントン…と 40 回程度たたいていく。最後に耳の下辺りから鎖骨に向けて、10 回たたきながらおろす。反対側も同様に。首中央のふくらみのある部分はたたかないこと。

頭皮のコリと顔のたるみを解消

スプーンどんぶらこ

頭皮が硬くなって血行も悪い状態だと、髪に栄養がいかないのはもちろん、つながっている顔もどんどん下がることに。スプーン１本でしなやかな頭皮を取り戻して。

スプーンを押し付けながら、どんぶらこと動かして

スプーンの背中側を頭皮に当てて、前側を手のひらで押さえる。もう片方の手で柄を上下に動かし、船が進むようにスプーンで頭皮を押しながら動かす。

SPOON MASSAGE

毛穴はキュッ、血行も促進

冷温スプーンパッティング

効果が見えやすいスプーンパッティングの中でも、気持ちよさ抜群のテク。温冷どちらを行ってもよく、毛穴の開きが気になる時は冷たい方だけ、などアレンジも自在。

1 氷水に入れたスプーンをお風呂前に用意

お風呂に入る直前に、コップに氷と水を入れ、さらにスプーンを入れて冷やしておく。そのまま持ってお風呂へ。
(スプーンの選び方は P57 を参照)

2 気になる部分にパタパタパタ。温めて行ってもOK

冷えたスプーンを使って、顔全体をパタパタとパッティング。その後、湯船にドボンとつけて、温まったスプーンでも行えば、血行促進にも。

体の中のめぐりを一気に促進!

全身のオイルマッサージ

リンパが集まる部位を意識して触ることで、体内の流れが一気によくなる軽いマッサージ。やるのとやらないのでは、その後のスキンケアの効果が大きく変わります。

シャワー後に、オイルでササッとマッサージ

シャワーの後に、両手にオイルを取り、足先からリンパの集まる部位を中心に7つの部位を軽くマッサージ。立ったまま行ってもOK。

10秒美ワザ

念入りなマッサージでなくても、大きいリンパ節を刺激すれば充分めぐり始める!

Column

リンパの集まる部位を心臓に遠いところから順番に

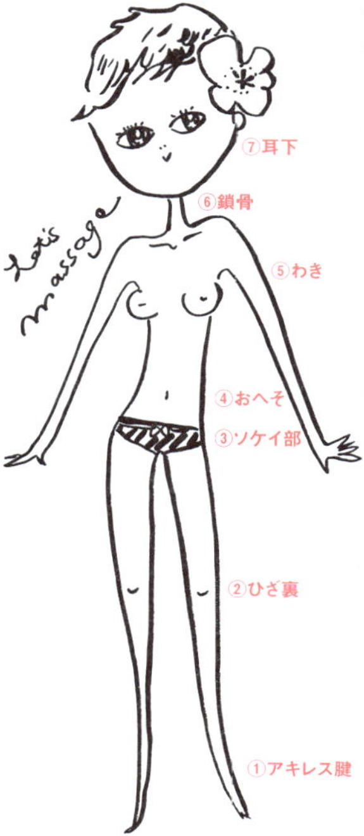

アキレス腱からひざの裏、ひざの裏から太もも付け根のソケイ部を左右ともなでて、脚は乾きやすいので、前面、側面とも両手ではさんでなで上げます。次におへその周りをクルクル。わきをなで、鎖骨をなでて、耳の下で終了。オイルは途中で足りなくなった時に足しましょう。

①アキレス腱
↓
②ひざ裏
↓
③ソケイ部
↓
④おへそ
↓
⑤わき
↓
⑥鎖骨
↓
⑦耳下

めぐらせて栄養も深部に届ける

顔のオイルマッサージ

肌全体に元気がない、ツヤがない、などの時の特効薬がオイルマッサージ。血流や老廃物などのめぐりを促して、元気な美肌に導く上に、オイル自体の栄養も注入できる。

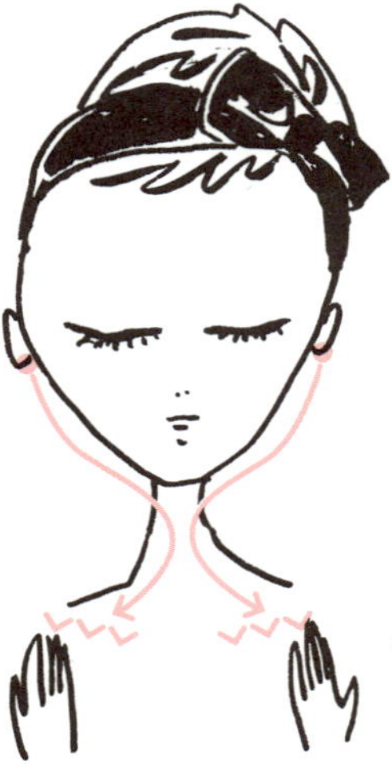

1 まずは老廃物のゴミポケットを刺激することから

小さじ1杯くらいのオイルを両手に取って伸ばす。耳の後ろを軽くプッシュし、そのまま首から鎖骨のくぼみへさすって下ろし、くぼみをプッシュ。

10秒美ワザ

初めに老廃物が流れる終点のゴミポケットを刺激しておくと、めぐりのよさが格段にUP

2 耳に向けて頬の老廃物を押し流す

あご先から耳、口角から耳、小鼻から耳、と3回に分けて、小さくらせんを描きながらマッサージ。全て耳下腺リンパ節に流れ込むように。

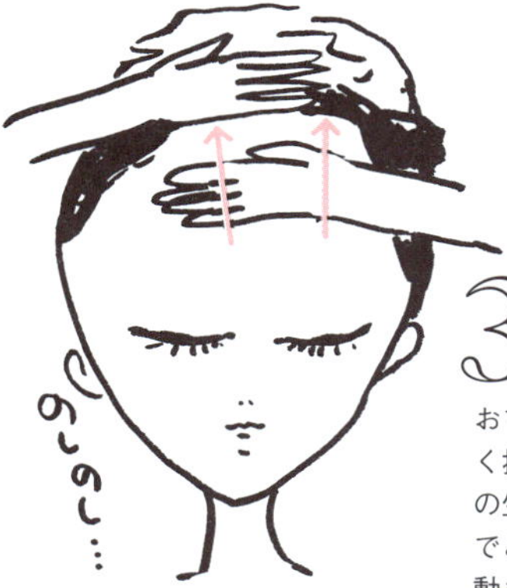

3 おでこの横ジワ防止のための“縦のしのし”

おでこを左右の手のひらで軽く押しながら、のしのしと髪の生え際まで移動させる。おでこの横ジワに対して、縦の動きで予防＆ケアの動き。

4

気持ちいい生え際プッシュでめぐりを刺激

髪の生え際まで手を移動してきたら、そのまま生え際の数カ所をキュッキュッと指でプッシュ。気持ちイイと感じるところを探して。

5

縦ジワに働きかける“横のしのし”

今度はおでこの片側から横向きに、手のひらで軽く押しながらのしのしと反対側まで移動。眉間のシワなど縦方向のシワの予防＆ケアに。

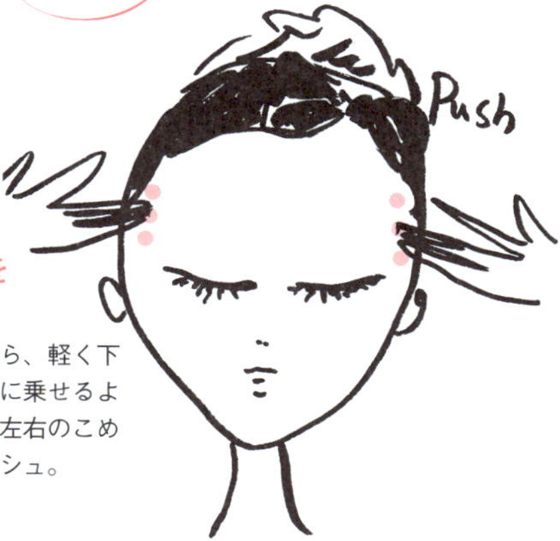

6
顔上部の老廃物をこめかみへ流す

横のしのしが終わったら、軽く下を向き、頭の重みを指に乗せるようにしながら、両手で左右のこめかみ辺りを数カ所プッシュ。

7
VIPゾーンを優しくめぐらせる

薬指と中指の２本で、目の下の目尻側から目頭、目の上の目頭側からまぶたを通ってこめかみへと流す。強く引っ張らないように。

8 毛穴が詰まりやすい脂スポットもクルクルマッサージ

小鼻とあご先の毛穴が詰まりやすい部分は、指先で優しく円を描いてマッサージ。あご先は舌を口の下側に入れてふくらませて。

9 フェイスライン弾きで、シャープな輪郭に

両手の親指をあごにかけ、人差し指の側面を使って、あごから耳下までの輪郭を、パチンパチンと弾くようにしながらつまみ下ろす。

10 ダメ押しでゴミポケットへ老廃物を流し出す

最後に、顔の中心からおでこ→こめかみ→耳下→首すじ→鎖骨へと、指の腹をそろえて流す。鎖骨のくぼみは強めに数回プッシュ。

10秒美ワザ

全体のめぐりが上がったところで、再度老廃物を流しきると、イキイキ元気な美肌に

ピンポイントを気持ちよくケア

肌のデザートアイス

美白･ニキビなど、悩みに合わせてデザートアイスを作っておけば、お風呂上がりに飲み物を冷蔵庫から取るついでに、クルクルッとつけるだけのアイシングケアに。

1 卵の容器、精製水、目的に合った化粧水を凍らせる

卵の容器を利用。精製水を３㎜程度入れ、ニキビ、美白など目的に合わせた化粧水を５、６滴入れ、スティックを入れて凍らせる。

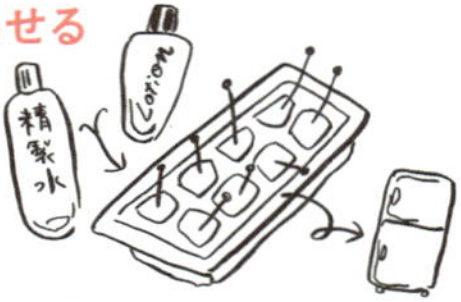

2 スティックごと取り、1分程度クルクル…で終了

気になる部分に、凍ったデザートアイスを当てて、１分程度クルクル。局部的に冷やすことで肌が冷えたと勘違いして、代謝も上がる。

CHAPTER
4

ひと工夫で
プロの仕上がりになる
美人メイクの極意

for Make Up

CHAPTER 4

ベースメイクをきれいに仕上げるまでがスキンケアです

メイクアップは、顔型からパーツの形、こだわる点などが全て人それぞれなので、万人に共通してオススメできるテクというものは多くはありませんが、私なりのこだわりの点や、ちょっとしたコツなどをこの章ではご紹介したいと思います。

私は基本的に、〝ベースメイクを仕上げるまでがスキンケア〟だと思っています。肌の土台を作る、その最終段階がベースメイク。ベースメイクは、スキンケアの続きのような感覚なんです。だから朝のスキンケアは、保湿することや心地よさももちろん大切ですが、ファンデーションのノリやすい、毛穴の引き締まったシャキッとした状態の肌を作り上げることを目的に行います。アイメイクなどにもこだわりはもちろんありますが、何よりも〝肌が美しく見えること〟にこだわりを持ってメイクしています。

美しい肌にも何種類かあると思いますが、肌が乾燥していると老けて見えがちですよね。だから私はリキッドファンデーションで、自然でフレッシュなツヤのある肌を目指していますし、お化粧直しの時にもツヤを消し過ぎないことを心がけています。

また、紫外線を防止することは必要なのですが、そこにとらわれ過ぎてＳＰＦ値の高いものをいくつも重ねないよう気をつけています。最近の下地などは、保湿力も高く、かなり優秀に作られてはいますが、下地・ファンデーション・お粉の全てが高いＳＰ

Ｆ値のものとなると、肌にとってはやはり負担が大きすぎです。私は下地にＳＰＦ値やＰＡ値の高いものを選び、その他のものは軽い数値のものを使うようにしています。

さらに心がけているのは、どの角度から見られてもできるだけ厚塗りっぽくならないように、という点。人から見られる自分の顔って、横から、斜め後ろからなど、正面からばかりとは限りませんよね。だから自宅のメイクコーナーも、正面の大きい鏡の他に横にもサイドミラーを置いて、メイクしながら横顔も横目でチェックできるようにしています。

実はこれ、きれいな人は横顔を見られた時のことも考えてケアやメイクをしている、ということをある時知って、サイドミラーを置くようになったんです。もし自宅に三面鏡がなくても、自分でそれに近づければいいんです。

自分で考えてちょこっとアレンジする。それが、私のスキンケアにもメイクアップにも共通しているテーマと言えます。

特殊な商品や専門的な器具などがなくても、充分キレイになることはできると思うんです。特にメイクアップ用のコスメだと、皆さんたいていはメーカーさんの提案している使い方通りに使っていると思いますが、ちょっとした発想の転換で余り気味の色が使えたり、乾きすぎると思っていたファンデーションに乳液を1滴混ぜるだけで、使えるファンデーションになるかもしれません。

そんなアレンジを発見しながら、皆さんもメイクアップを楽しんでしてほしいと思います。

バタフライゾーンを簡単冷却

メイク準備

ムシムシする梅雨時や夏場などにオススメのひと工夫。毛穴をキュッと締めておくことで、開ききるまでの時間稼ぎができるから、メイク崩れの始まる時間を延ばせる。

チビ保冷剤をハンカチにくるんでピタピタ

小さい保冷剤をハンカチなどにくるみ、鼻を中心としたバタフライゾーン（毛穴が目立つ部分）に短時間当てる。赤くなるほどまでは当てないように。

保湿力プラスで肌にやさしく

日焼け止め

ＳＰＦ値の高いものを通年使っていると、肌にはやはり負担がかかり、目周りや口周りはきしむことも。ちょっとした気遣いで負担を減らし、乾燥によるシワ防止を。

乳液と高SPF値の日焼け止めをブレンド

10秒
美ワザ

ＳＰＦ値の高い日焼け止めを手のひらに取り、乳液を１滴プラスしてよく混ぜ、それを目や口の周りにチョンチョンとつける。

１滴乳液を足すだけで、SPF値を和らげつつ保湿力がアップして、乾き防止にも

あらゆる向きの毛穴をカバー

小鼻の星メイク

小鼻とその横の毛穴は、大きかったり、向きも統一されていないため、内から外へと塗るだけではカバーしきれないことも。丁寧に塗って化粧崩れを1分でも遅らせて。

様々な方向で塗れば、小鼻の毛穴がまばらに見えたり、キワが筋に、なんて事態も回避!

10秒
美ワザ

パフを星型に動かして、目立つ毛穴を完全にカバー

片方の手で鼻を倒し、スポンジが小鼻の脇まで届くようにしながら、外から内、下から斜め上など、星型を描くように動かして塗る。

ムラなし美肌が簡単に作れる

パフのWづかい

Tゾーンの適度なテカリは残し、毛穴の目立つバタフライゾーンにだけ軽くお粉をのせるのが小林流。パフを2個使うことで、粉が均等にほどよくのり、時短効果も。

1 2つのパフをすり合わせパウダーをよくもみ込む

パフを2個用意し、片方にフェイスパウダーを少量つけたら2つをすり合わせながら、よくもみ込む。もみ込むことで、厚づきやムラづきを防げる。

2 両方の手で軽く押さえながらスタンプのせ

パフを鼻横辺りの頬を中心に、スタンプを押すように軽く押さえていく。Tゾーンが気になる人は、額中央を軽く押さえてもOK。

こすれジミを作らず塗るコツ

パウダーファンデーション

パウダーファンデーション愛用者には、スポンジで強くこすりながら塗るあまり、頬骨の辺りに薄いシミを作っている人多数。ちょっとの気遣いでシミを防ぎましょう。

1 手の甲で余分を落とし顔への厚塗り防止

パウダーファンデーションをスポンジに取ったら、手の甲に軽くすべらせて余分を落とす。厚塗りにならず結果的に化粧崩れの防止に。

2

目の下は6カ所スタンプ押しで美しくつける

目の下の頬の高い部分は、スポンジを、スタンプを押すようにトントン…と優しく押さえていく。片側を3回くらいに分けて押さえて。

3

手スポンジできれいになじませる

手根（親指の下のふくらんでいる部分）を、ファンデーションを塗った部分に優しくバウンドさせながら、全体をなじませていく。

手根スポンジを使えば、
こすりジミを回避できるし、
なじみもよく
きれいな仕上がりに

10秒
美ワザ

転送塗りでドカづき防止

アイライン

ペンシルタイプのジェルアイライナーは落ちにくくて便利だけど、目の下側に引く時はボテッとつきすぎるのが難点。極細綿棒につけてから引けば、ナチュラルに。

1 まずは極細綿棒の先端にジェルアイライナーを転送

先端が極細タイプの綿棒に、ジェルアイライナーを少量つける。先端部分だけでＯＫ。

2 目の下目尻側からスッと伸ばせばナチュラルに

ジェルアイライナーをつけた綿棒で、目の下の目尻側からスッと軽くラインを入れると、目立ち過ぎない自然なラインが入れられる。

キラキラシャドウも上手に使える

アイシャドウ

多色入りのアイシャドウに入っている、キラキラのパールやラメの強い色が使えず残りがちなら、目頭すぐ横のくぼみの部分に入れると、簡単にウルウルの瞳に。目尻の涙袋のすぐ下辺りに薄く伸ばせば、光の反射で目の存在感もアップ。

簡単にあか抜けた雰囲気に

チーク

口紅とチークの色が違い過ぎてアンバランスになってしまう人にオススメの技ありテク。チークはいつも通りに入れ、ラストに口紅に指で触れてほんの少量ついた分を、頬の高い部分にチョンチョンとつけてなじませると、両頬と口紅の3点にお洒落な統一感がでる。できれば、リップ・チーク兼用のものがオススメ。

気持ちよくて崩れにくい
冷え冷えパウダー

オイリードライスキンなどで、お昼頃にはＴゾーンが崩れてきちゃう、という人のＳＯＳに応えるアイデア。可能なら、崩れる直前にこれで押さえられるとベスト。

1 冷蔵庫を借りて パウダーとパフを冷やす

オフィスの冷蔵庫に、ルーセントパウダーとパフを一緒に冷やしておく。もちろん周りを汚さないよう配慮して。

2 崩れやすい部分を中心に冷パフで押さえて

冷えたパフで冷えたお粉を取り、メイクが崩れた部分を軽く押さえる。冷おしぼりと同時にお粉がのるような感覚で毛穴が引き締まる。

CHAPTER 5

お手軽アイデア満載のボディケアでうるツヤ肌をキープ

for Body Care

CHAPTER 5

身近なものを駆使して〝ケアしてるぞ〟と意識することが大切

私は顔のスキンケアに負けず劣らず、ボディやヘアのケアをするのも大好きです。それも、できるだけお金をかけないように、家にあるものでいかに簡単に効果的なケアをするか、を常に考えている状態。プロの手に任せることもありますが、基本的に自分で考えるのが好きなのだと思います。

特に、ボディやヘアケアには、キッチンにあるものが大活躍します。例えば「背中のニキビケア（P.120）」で使っているゴムべらは、形といい、しなり具合といいバッチリ！　キッチンだけに置いておくのはもったいない（笑）。これが木べらでは、しならないからダメなんです。そういうアイテムを見つけた時は、ホントににんまりしちゃいます。他にも、お砂糖、お塩、各種のオイルなどなど、身近な調味料も様々なケアで活躍してくれます。

「顔のケアだけでも大変なのに、ボディやヘアのケアまでできない。そんな時間ない」と思う人もいると思いますが、私も決して時間に余裕があるわけではありません。

でも、身近なものを使ってひとつ何か行ってみて、「スペシャルケアしてるなー」「スッキリしてすごく気持ちいい！」という実感を、1回味わうだけでも違います。そこに意識を持って行っただけでも、きれいのための一歩を踏み出していると思います。

また、「さあボディケアするぞ」と改まって時間をとれなくても、すぐ手に届くところにケアするものを置いておくだけで違います。

我が家では10カ所以上に乳液が置いてあり、ことあるごとに顔からボディから出ているところにとりあえず塗っています。
例えばキッチンで洗いものが終わった時に、化粧品が離れたところにあったら、塗らなきゃと思っていても次のことに追われて忘れてしまいがちですよね。だから、「ああこんな乾いてる、塗らなきゃ！」と思った時にパパッと塗れるように、近くに置いておく。それだけですごく、キレイになるチャンスが増えます。乳液はポンプタイプが多くパパッと出しやすいし、必要な水分と油分を同時に与えられる最強のアイテム。もらったサンプル品なども、あちこちに置いておく用として活躍してくれます。
また、私はお風呂で行うケア、それも、湯船につかりながら行うケアも大好きなので、そういう方法をたくさんご紹介しています。でも、「うちはユニットバスで狭いから…」「湯船につかる時間なんてない」という方もいらっしゃると思います。

ただ、ゆっくり湯船につかれないから何もできない、とは思わないでほしいのです。オールオアナッシングではなく、シャワーだけでも美容にプラスになる浴び方があるのです。シャワーだけで、かける時間もいつもと同じなのに、ちょっと得する方法を知っているのといないのでは、後々の〝キレイ〟に大きく差がつきます。

シャワーだけでも上手に血流を上げる方法などを、ぜひ実行してほしいと思うんです。それだけでも、老化や肥満の防止に役立ちますよ。

適切にケアしてシミを防止

うっかり日焼けケア

子供と一緒に戸外にいることが多いため、ママたちにも多いうっかり日焼け。焼けたその日にケアすれば、シミになるのを防げます。以降のＵＶカットもお忘れなく。

1 まずやることは、何はともあれクールダウン

肌が赤くなっているような時は、まずは冷やすこと。水で濡らし、冷蔵庫で冷やしたタオルを焼けた部分に当ててほてりを鎮静。

2 冷蔵庫で冷やしたボディジェルで優しく保湿

赤味がある程度落ち着いたら、きちんと保湿を。冷蔵庫で冷やしたボディジェルを使えば、火傷状態を沈静しつつ、保湿もできる。

3 美白のシートマスクを1/2にカットしてON

シミができやすいデコルテや肩先に、美白のシートマスクを半分に切ったものを貼る。背中側や、腕などにもOK。

沈静・保湿の後に美白マスクを貼れば、刺激を与えない美白ケアが可能に

10秒美ワザ

低血圧、冷え性などに速効効果

ポカポカ入浴剤

ワイン、日本酒、シャンパンなどの、アルコール度数がやや高めのお酒と、粗塩、エッセンシャルオイルを混ぜ合わせ入浴剤に。度数高めのアルコールを混ぜることで、オイルもきちんと希釈できる。高血圧の人は避けて。

ゴワつき角質もしっかり取れる
手作りスクラブ

お砂糖と乳液を混ぜると、古い角質をしっかり落とせるスクラブに早変わり。塩の場合よりやや粗めの粒子がうまく働くので、ひじ・ひざ・かかとなど、角質が硬くなりがちなパーツ向き。好みの混ぜ具合で楽しんで。

加齢によるうねり毛も立て直す

頭皮のオイルマッサージ

頭皮の毛穴に詰まった脂は、油で浮かせてOFF。頭皮の脂に混じって出てくる毒素や、毛穴をふさぐ脂も取れて正円の毛穴に戻るから、うねり毛も正常に戻ってきます。

1

粘性高めのオイルでカッパゾーンをマッサージ

頭皮用の製品がなければ、ごま油、オリーブオイルなど粘性の高いオイルを準備。まずおでこから頭の中心の百会のツボ、次に左右黒目の延長線上に塗り込んでいく。

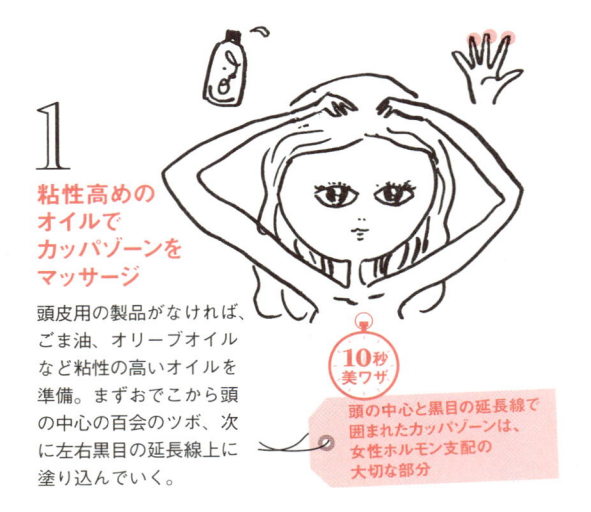

10秒美ワザ

頭の中心と黒目の延長線で囲まれたカッパゾーンは、女性ホルモン支配の大切な部分

2 頭頂部を中心に のの字を描いてマッサージ

塗り込んだオイルを、両手の指の腹を使ってもみ込んでいく。のの字を描くようにして、頭頂部近辺の、ぺちゃんとしやすい部分をよくもんで。

3 スペシャル蒸しで 毛穴の汚れは 根こそぎOFF

2の後にホットタオルを頭に巻き、上からシャワーキャップをかぶって10分放置。その後シャンプーを2回行えば、毛穴の詰まりが取れて翌朝の頭はスカッと爽快。

首を驚かせて一気にめぐらす

シャワーマッサージ

シャワーだけでも血液やリンパ液などの体液の流れを促して、めぐりをよくするためのアイデア。温度と水圧を上手に使えば、体もしっかり温まり、引き締め効果も。

1

熱めのお湯を首筋にいきなり当てて一気に流す

シャワーを少し熱めの温度にして、首の後ろ側の骨の辺りにいきなり当てる。できるだけ手や足に先に当てない方が、効果的。

10秒 美ワザ

いきなり首を熱くしてびっくりさせることで、生理的反応でリンパが末端まで一気に流れる

2 水圧アップのシャワーで引き締めも

シャワーヘッドの半分くらいを手で覆って水圧を強めにし、脚も腕も下から上へ、円を描きながら当ててリンパを流す。

ただ上から下に浴びるより、水圧の強さと当てる方向の調整で、リンパの流れを刺激!

10秒美ワザ

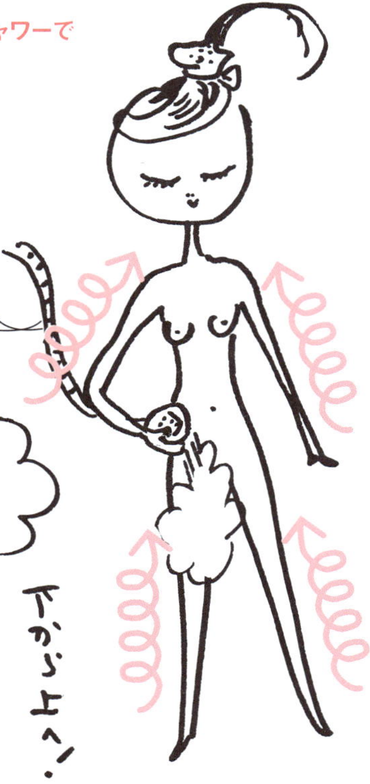

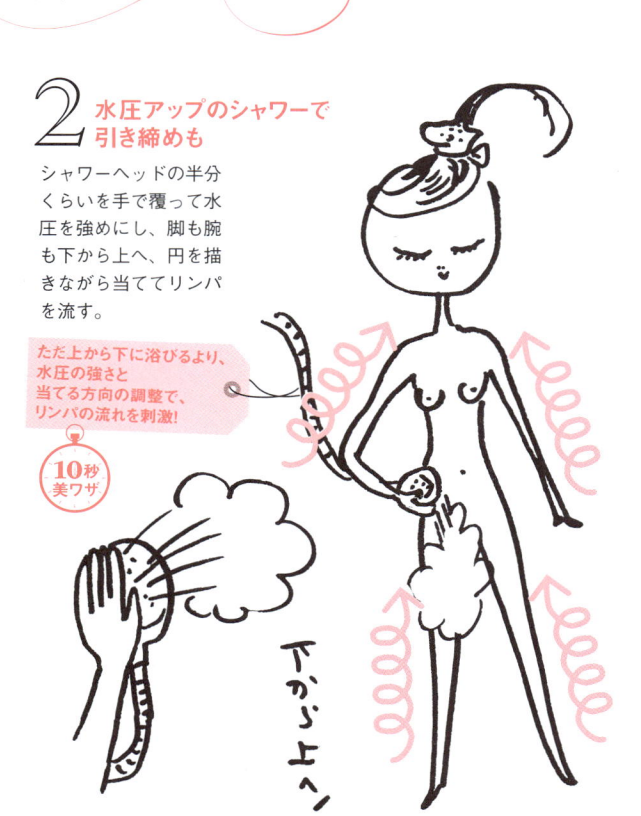

3 下から上に円を描いてヒップアップ

お尻に当てる時は、下から上に向けて円を描くようにすると、ヒップアップに効果的。先ほどと同じく水圧を強めにして行って。

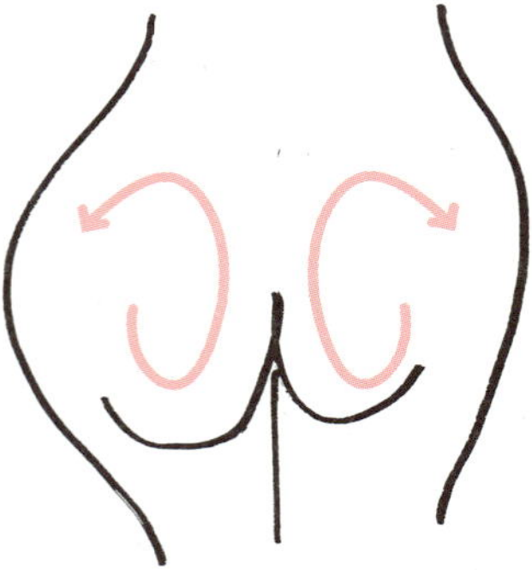

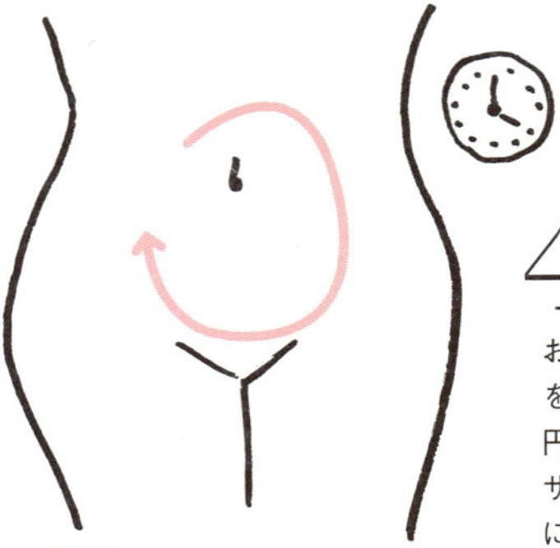

4 おへそを中心に時計回りに動かして温めて

お腹に当てる時は、おへそを中心に時計回りに何度か円を描いて、水圧でマッサージ。冷え性の人には特にオススメしたいケア。

お腹に向けて当てれば、水圧の刺激でお腹の中の動きも促せるし、全体も温められる

10秒 美ワザ

5 髪や体を洗う時は、足浴しながら

洗面器にお湯を入れ、足首から下をお湯に入れて温めながら、髪や体を洗う。

ただシャワーを浴びるより、冷えポイントを温めながら行えば、冷えないし血流もUP

10秒 美ワザ

真剣に引き締めたい人の本格ケア

バンテージ入浴

常に脚がむくみ気味の人や、何とか少しでも引き締めたいという人にオススメの方法。バンテージはエステサロンやインターネットなどで購入可能です。

1 足首から太ももの付け根までグルグル巻きに

バンテージを、足首から太ももまでゆるみがないように、ぴったりと巻きつける。膝周りがゆるみやすいので、特にしっかり巻いて。

バンテージは伸縮力が高いため、ギュッと圧をかけて巻きやすく、むくみに効果的

10秒美ワザ

2 巻いたまま湯船にゆっくりつかって代謝もアップ

バンテージを巻いたまま湯船につかる。入浴剤をプラスしたりして、さらに発汗作用も促せば、むくみが取れて、スッキリスリムな脚に。

時間のない人でも絶対できる
お手軽全身保湿

お風呂から上がる前に洗面器にお湯を入れ、そこに保湿力の高い入浴剤か、乳液を入れ、シャバシャバッと混ぜ、バシャッと全身にかぶる。これだけで全身潤いコーティングができるので、時間のない人や、お風呂あがりにいろいろ塗るよりすぐさま寝たい人にオススメ。

手が届かない場所もぬかりなく!

背中のニキビケア

手が届きにくい上、一度できると繰り返しがちな背中のニキビも、ゴムベラ一本あればフルコースケアが可能。定期的に行えば、背中の開いた服も怖くない美背中に。

1
オイルクレンジングをゴムベラで伸ばして

オイルクレンジングを背中の中央に数プッシュ垂らし、それをゴムベラでペタペタと伸ばす。少しおき、なじんだらシャワーで流す。

分泌の多い背中の皮脂も、クレンジング剤の油で浮かせることで、スッキリ流し取れる

10秒美ワザ

2 クレイパックでさらに古い角質や汚れもOFF

顔用のクレイパックをゴムべらにつけ、1と同様に背中全体に塗布する。そのまま5分くらいおいて洗い流せば、くすみも取れる。

3 美白化粧水で保湿&美白ケアして、フルコース終了

お風呂から出たら、ゴムべらの両側にコットンを貼りつけ、輪ゴムで固定。そこに美白化粧水をしみ込ませ、背中全体をパッティング。

胸を広げ、肩を正しい位置に戻す

壁指立てふせ

壁に向かい、両手を肩幅より広めに開いて両手の指を立てて壁につける。腕はそのままで爪先立ちになり、指立てふせを10～15回。お風呂上がりで筋肉が柔らかくなっている時に行うと効果的。パソコンに向かうなどの前かがみ姿勢で、内側に巻いてしまった肩を後ろに戻し、正しい姿勢に。

胸元のプツプツを撃退
さらさらブラ

夏場など、汗をかくとブラジャーをしている辺りや胸の中央にあせもができやすいので、ブラと皮膚が接触する部分にボディパウダーを。キラキラお粉を少量足して、デコルテにもはたけば、レフ板効果で顔色もよく見える。

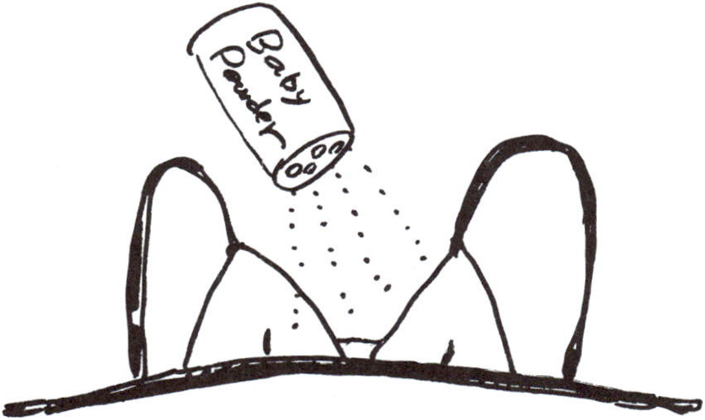

はたくお粉を美白系のパウダーにすれば、攻めのケアをしながら肌もガードできる

10秒美ワザ

お手軽に運動&エステ級ケア

なんちゃって加圧

下半身が気になる場合は、スリミングオイルやクリームなどを下半身全体に塗り、普段Mサイズの人ならSサイズなど、ワンサイズ小さいスパッツを10分程度履く。加圧エクササイズのように軽く血管を締めつけ、スパッツを脱ぐと一気に血流がよくなり、シェイプアップに。やり過ぎはNG！

効果の高いポイントを刺激

こっそり代謝アップ

左右の肩甲骨の間に、保冷剤や熱を冷ますような冷湿布を貼って寝ると、毛穴も引き締まり、ダイエットに効果の高い褐色脂肪細胞を燃やせる。褐色脂肪細胞は肩甲骨の周辺に集中して存在するので、そこに焦点を絞って。

傷んだチリチリ髪の毛も復活

寝ながらヘアエステ

お風呂上がりに、アウトバス用のヘア美容液やオイルなどを、髪の長さは問わず毛先から耳下までたっぷりつけて、もみ込んでおく。そのままフードをかぶって就寝。ロングヘアの人はハンカチなどで毛先をくるみ、襟足にまとめてもOK。朝までに美容成分が浸透し、傷んだ毛先をしっかり修復。

CHAPTER

6

スキマ時間に行える
エクササイズで
こっそりキレイを磨く！

for Exercise

CHAPTER 6

エレベーターで一人になった時が、キレイ貯金の始めどき

私の日々は、「趣味が肌磨きです」と言うような状態で、ちょっと時間に余裕ができると、何かしら美容に繋がることをやっています。信号待ちの時、エレベーターで一人だった時、電車の中で人が少なかった時、キッチンで煮物をしている時などなど。社内でのミーティングの時にも、考えているポーズをとりながら、ボールペンのお尻で耳下腺リンパや頭のツボを押している、なんてこともしょっちゅうです（笑）。

これは、いかにお金や時間をわざわざかけずにキレイになる方

法があるかな、と探してきた結果ですが、決して「やらなきゃ！」としゃかりきになって行っているわけではありません。楽しいなと思いながらやらないと、何事も続きませんし、例えばマッサージなども、あまりに「コレはこの順番でないとダメ」と順番を守ることにこだわり過ぎると、めんどくさくなってしまいモチベーションも上がりません。

自分が「ああー気持ちいい♥」「今日はこんな気分だから、ここをゴリゴリしてみよう♪」と感じるままに、楽しみながら行うのが一番だと思います。私も、自分が楽しめて、気づいた時にパッとできるちょこまかケアを続けるようにしているだけなんです。

この章でご紹介しているような、外出先でできる様々なテクの他にも、私が有効に利用しているのが香りの力。香りはダイレクトに大脳に届いてめぐるので、気分転換に速効で効いてくれますし、バイオリズムによって頻繁に気分の浮き沈みがある女性には本当によい味方になってくれます。

例えば、気分が落ちそうだな、という瞬間が香りのブレイク時。お香を炊いてみる、ティッシュにアロマオイルを垂らして嗅いでみる、マグカップにお湯を入れ、アロマオイルを垂らしたものをデスク周りに置いてから仕事を再開するなどなど。天然のお花の香りや、草を一瞬手の中で握って匂いを嗅ぐなんていうのもアリ。

そうやって、気分を変えるとまた集中力が戻ったり、明るい気分になったりすると思います。

また、〝白湯を飲む〟のも簡単で効果の高い美容法。マッサージの前後に白湯を飲むと、体内のめぐり力が上がって老廃物が流れやすくなりますし、定期的に飲んでいると体が冷えないので、より代謝、めぐりのよい体になっていきます。

香りと白湯にタッグを組んでもらうこともできます。例えば、ダイエットしたいのに食欲が出ちゃって困る、なんて時には、食欲を抑制する効果のあるマジョラムのアロマオイルの匂いを嗅ぎ、その後に白湯を1杯飲んでおくと、大分食欲を抑えられます。

そんな風に、特殊な器具や最先端のコスメがなくても、エステに通う時間がなくても、キレイのためにできることはいろいろあります。ふと一人になった瞬間が、キレイの始め時！「それやるのクセなの？」と聞かれるようになるくらい定着すれば、しめたものですよ。

隠れ筋肉を刺激してたるみ防止

ムンクの叫び マッサージ

奥の方にあるため、通常のマッサージでは手が届きにくい咀嚼筋を優しく刺激し、たるみを防止するマッサージ。パソコン作業が多く、無表情な時間が長い人は必須！

“ムンクの叫び”のポーズで優しくクルクル

“ムンクの叫び”の絵のように口を縦長に開け、凹む部分に親指の下のふくらんでいる部分を当てて、軽く回しながらマッサージする。

リフトアップに大切な咀嚼筋がほぐされてしなやかになり、小顔効果もUP!

10秒美ワザ

血流UP&豊かな表情作りにも

おこりんぼマッサージ

フェイササイズとマッサージを兼ねた、簡単エクササイズ。内側から圧を加えることで、粘膜の毛細血管の流れを促せるし、皮膚を強く引っ張らずにマッサージできる。

プッと頬をふくらませて、マッサージするだけ

片方ずつ、頬に空気を入れてふくらませ、頬が張った状態で指の腹で優しくマッサージ。クレンジングや洗顔、他のマッサージの時にもこの顔で行ってみて。

リンパを流す基本のキ

ツタンカーメンのポーズ

体の中の大きなリンパ節で、外出先でも刺激しやすい鎖骨のリンパ節を刺激して、老廃物の排出を促しましょう。疲れたな、と思った時に、深呼吸しながら行うと効果大。

1

両腕をクロスして鎖骨のくぼみを指先でPUSH

胸の前で両腕をクロスし、中3本の指を鎖骨の上のくぼみに引っかける。そのまま深呼吸しながら、くぼみをぐーっと押して。

10秒
美ワザ

鎖骨のくぼみが
埋もれ気味の人も、
横を向くことで位置が
きちんとわかり、押しやすい

2 横を向いて、くぼみをさらに深くピンポイントにPUSH

同じポーズのまま首だけ横に向くと、反対側の鎖骨の上のくぼみがハッキリ出てくるので、深呼吸しながらそこをさらにPUSHして。

鍛えにくい眼輪筋を強化

化け猫エクササイズ

目の周りの眼輪筋はサーキット状のため、何もしないと老廃物をうまく排出できなかったり、年と共に目を支える筋力が落ちていきがち。負担をかけず上手に鍛えて。

1 目元は軽く引き上げ 視線は下に

眉山の斜め上辺りを指でくっと引き上げる。見た目が、化け猫のような吊り目になる程度まで引き上げて。そのまま目線を下に向けて。

10秒
美ワザ

まぶたに直接触れず、
強い負荷も与えずに
敏感な目の周囲の
筋肉を鍛えられる

2 化け猫顔のまま目をパチパチパチ

視線は下に向けたまま、パチパチ…とまばたきを数回繰り返す。まぶた全体が動いている感じがすればＯＫ。

目の下のたるみ防止に

あっかんベー エクササイズ

“化け猫エクササイズ” と同様に眼輪筋を鍛えるので、セットで行うのがオススメ。目の下がたるんできたなと感じたり、目が疲れた時などにも。

1 目の下を軽く指で引っ張りあっかんベーの顔に

指で黒目の真下辺りを軽く引き下げ、あかんべーの状態に。あまり強い力でなくてもOK。

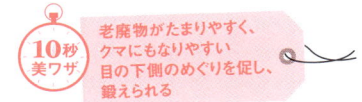

10秒
美ワザ

老廃物がたまりやすく、
クマにもなりやすい
目の下側のめぐりを促し、
鍛えられる

2 目線を上に向けたまま パチパチパチ

1のポーズのまま、目線は上に向け、パチパチ…とまばたきを数回繰り返す。下まぶたに小さな動きを感じればＯＫ。

頬の筋肉をしなやかに

ボクサーマッサージ

頬全体のツボを刺激しながら流れをよくして、筋肉をしなかにするマッサージ。たるみ防止や頭が重い時、顔全体がむくんだ時などにも効果的。

1 脇をキュッと締めて、ファイティングポーズ

両手を軽く握り、脇を締めてボクサーのファイティングポーズをとる。頬骨のすぐ下のへこんでいる部分に、第二関節を当ててぐっと押す。

2 気持ちいい場所を探しながら押していく

1のまま、頬骨に沿って外側にずらしながら押していく。気持ちいいと感じる場所を押して。痛い場合は、関節の間の平らな部分で押して。

3 耳横から頬骨の下辺りを押していく

今度は、耳のすぐ横辺りから頬骨の下のへこむ部分を、同じように押していく。気持ちよさを感じながら押して。

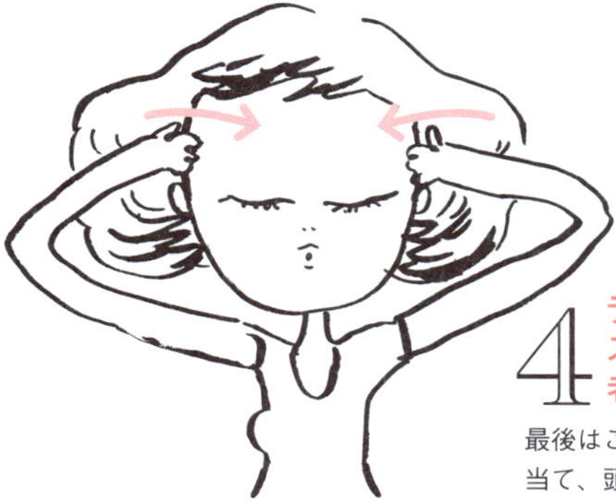

4 ラストは流しスポットを押して老廃物を流し出す

最後はこめかみにげんこつを当て、頭の力を抜き、少し下に向きながらぐーっと押す。頭の重さを利用して、指がツボにぐっと入るように。

青グマの悩みに効果的

目周りツボ押し

血のめぐりが滞って、うっ血が透けて見えている青グマや、ＰＣの見過ぎで目が疲れた時などに効果的なツボ押し。メイクの上から簡単にできるので、空き時間に。

1 目頭と目尻のツボをチョキ押し

目を閉じて、人差し指と中指で目頭と目尻を軽く押す。数回繰り返して。

2 目の下側のツボを順番に押してめぐりを促進

目の下側の目頭から目尻までを、５回に分けて押していく。押すのは力が入り過ぎないよう薬指で。３の黒目の下は強めに押してＯＫ。

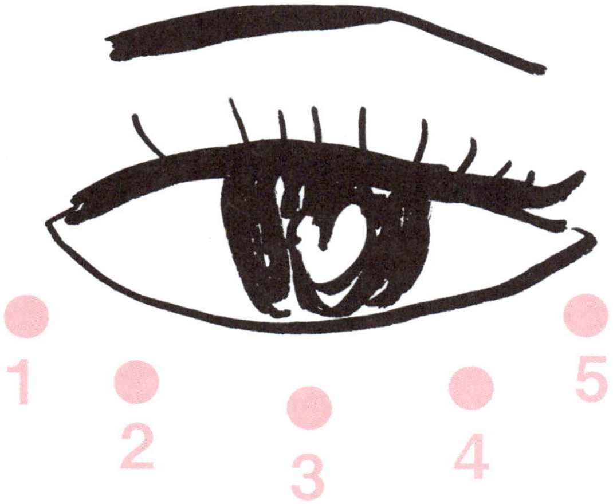

気になるほうれい線を引き上げ

ヤッホーマッサージ

老け顔の印象を強めるほうれい線や、口角が下がることで下向きに出てくるラインを予防するマッサージ。乳液やクリームを塗る時にこの方法で塗るのがオススメ。

1 ほうれい線に沿わせるように両手をスタンバイ

人差し指の側面が、ほうれい線に沿うようにして両手を顔に当てる。「ヤッホー」と叫ぶ時のポーズをイメージして。

10秒
美ワザ

たるみやすい
顔の下半分を、
ピンポイントで
ケアして小顔に！

2 ヤッホーのまま両手をスライドして引き上げる

手は 1 の形のまま、左右とも斜め上にスライドして引き上げる。数回繰り返して。

キュートなポーズでリンパ流し

ネコの手マッサージ

耳下腺リンパ節から鎖骨のリンパ節に向けて、老廃物やリンパの流れを促すマッサージ。他のマッサージのラストに行うと、毒素が流れてマッサージの効果がアップ。

10秒 美ワザ

静脈の流れに沿った動きで、老廃物やリンパ液を大きなゴミポケットに流せる

げんこつで耳下から鎖骨に向けてマッサージ

両手を軽く握り、耳下から鎖骨上のくぼみに向けて、猫が毛づくろいをするように動かしてマッサージする。

一日の最後に自分へのプレゼント

スマイル就寝

一日の最後をいい笑顔で締めると、次の日の始まりがよくなる。眠っている間は新しい肌細胞が生まれる時間なので、プラス思考から細胞分裂が始まる方が断然美肌に。

眠る前に鏡を見て、笑顔を作って就寝

「あー疲れたー」じゃなく、「よく頑張った、充実したね」という気持ちを込めてスマイルを。その笑顔を翌日まで形状記憶させて。

イライラや暴飲暴食の防止に

指もみ

足の裏と同様に様々なツボがある指を刺激すると、リラックスできてイライラ気分やストレス食べの防止に。会議中でも信号待ち中でもできる、簡単ストレスケア。

指の側面をギュッと はさみながらもんでいく

人差し指と中指の第二関節で、指の側面をはさむようにしてもんでいく。爪の付け根は副交感神経と繋がっているので、上下からもはさんで2、3回押して。

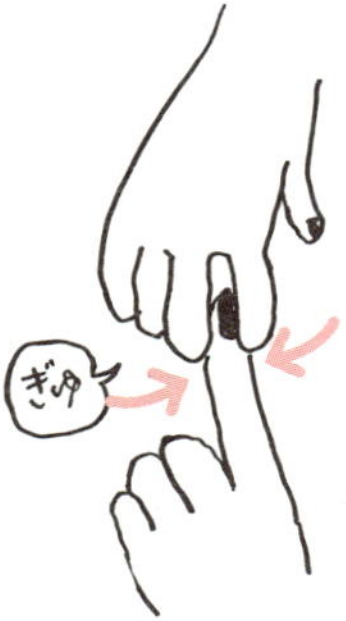

薬指だけは、興奮や緊張を促す交換神経と繋がっているので、どちらの手も避けること！

ブームに乗ってこっそり潤い補給

保湿マスク

ティーンの間で流行っているマスクブームに便乗し、外出先でも集中保湿。冬場の乾燥時期や、花粉症で鼻をかみ過ぎて赤くなってしまった時などに最適。

マスク内側に乳液やミストをつけて装着

マスクの内側中央の、二重になっている部分などに、乳液やミストローション、リップクリームなどを少量つけて、そのまま装着。

10秒
美ワザ

簡易版の湿潤ケアのようになるので、唇も口の周りもかなりのしっとり具合に

じわーんと温めめぐりを促進

おしぼり1本蒸し

外出先ではなかなかできない目元の温熱ケアを、簡単にできるアイデア。疲れ目にかなり効果的。もちろん、人に見られていないか周囲をチェックし、こっそり行って。

10秒
美ワザ

メイクも崩さず、こり固まった疲れ目をじんわりほぐして血行も改善する

包装されたままの温かいおしぼりを目の上にON

お店で出されたおしぼりを、ビニール袋を破く前に左右のまぶたの上にのせる。じわーんと温まるのを感じて。

蒸気はすべて有効利用

マグ蒸し

熱い飲み物さえあればできる、簡易スチーマー。ティータイムがスキンケアタイムにもなる、一石二鳥のテクニック。毎日のブレイクタイムの習慣にして。

熱い飲み物の湯気を顔に当てるだけで乾燥防止

お茶などの熱い飲み物を飲む前に、湯気を顔に充分に当てて乾燥防止。飲み物でもよいし、お湯にアロマオイルを垂らしたもので、香りを楽しみながらでもＯＫ。

ピーマン尻を歩いて鍛える

片足重心ウォーク

ジムに通えなくてもできる、歩きながらのヒップ引き締めテクニック。下り坂などで行うと効果テキメン。無意識に行うようになれればベスト。

前に来る脚に重心をかけながら歩く

歩く時、前に出す脚に重心をかけて歩くだけ。踏み出す時に、お尻のサイドの筋肉が使われてヒップの引き締めに。

何気ないポーズで引き締め

つり革エクササイズ

電車の中で密かにできる、二の腕を引き締めるエクササイズ。不自然なポーズではないからトライしやすいけど、もちろん、ある程度車内が空いている時に、がオススメ。

片手はつり革、片手はその腕を押す係に

片手はつり革につかまり、上に上げようと力を入れ、反対の手でつり革を持つ腕を、下に向けてぐっと押す。強い力で行うと効果的。

ベストの形と大きさでツボ刺激

あずきリフレ

歩きながら足の裏の反射区を押すために、試行錯誤の結果たどり着いたのがあずき。ツボ押しにベストな大きさと、楕円の形が上手く作用し、ツボにヒットします。

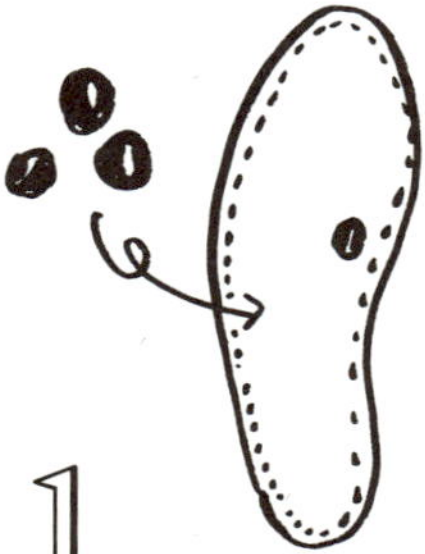

1

インソールにあずきをランダムに装着

靴のインソールに、乾燥あずきを数粒、テープなどで貼りつける。適度にバラつかせれば、位置は適当でＯＫ。

2

あずきの面を上にして靴の中にセット

あずきを貼った面を上にして、靴の中にインソールを敷く。

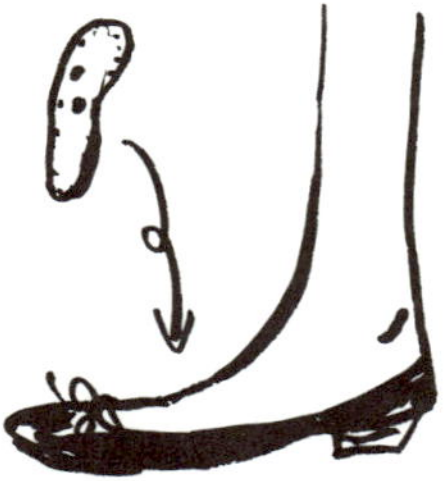

10秒
美ワザ

あずきを貼り付けるのが面倒な人は、そのまま靴に入れるだけでもむくみ防止に有効

3

そのまま出かけても一日中脚がむくみ知らずに

あずきインソールを敷いたまま歩けば、思わぬ時にツボにヒットして刺激に。スリッパに敷いてキッチンにいる時に履くのもオススメ。

EPILOGUE

ストレスも10秒でちょこっと軽くして、心も肌も上向きに

たくさんの10秒ケアをご紹介してきましたが、皆さんの琴線にビビッと触れるものはありましたか？

実は、もうひとつご紹介したい10秒ケアがあります。それは、「お感謝帳」。これは、「毒出し日記」の対になるような、心の10秒ケアといえるものです。部屋のドアなどに小さいノートやメモ帳を吊るしておき、通りすがりに「ハッピー！」「感謝」「ついてるっ」「嬉しい♪」などなど、前向きな言葉をパパッと書くだけ。ハートマークだけを書く場合もあります。

文字で書き、それを自分の目で見て確認するだけでも、心のヨレている部分やささくれ立っている部分がピッと取れるんです。同じ意味で、携帯電話の未送信メールのボックスにひとつ未送信のメールを作っておき、そこにも「ありがとう」などのハッピーワードを入れています。ちょっと気分が塞いできて落ちそうだな、という時に、そこを見ると元気になるし、目だってきれいになるんですよ。

日々の中で感謝する機会をちょこっと作る。そんな心の10秒ケアをするだけで、ストレスが減ってよく眠れる。結果、肌もキレイになっていくんだと思います。〝スマイル就寝〟も同じ目的ですし、私は目が覚めてベッドから

降りる前に、何かひとつ感謝する、という心の10秒ケアも実行しています。

肌も心も、10秒のチリ積も貯金をコツコツ続けていくことは、お金の投資と同じこと。10年後には、あなたの大きな資産になるハズです。

始めるのが何歳でも、肌には変われる可能性がたくさんあります。そしてその可能性を引き出してあげられるのは、肌の持ち主であるあなただけ。肌のご主人として、これからも肌を可愛がり、みんなで美肌になっちゃいましょう！

そのために必要なのは、まず10秒、始めてみることです。

青春文庫

小林《こばやし》ひろ美《み》の
10秒《びょう》美《び》肌《はだ》マジック

2011年6月20日　第1刷

著　者　小林《こばやし》　ひろ美《み》

発行者　小澤源太郎

責任編集　株式会社プライム涌光

発行所　株式会社青春出版社

〒162-0056　東京都新宿区若松町12-1
電話 03-3203-2850（編集部）
03-3207-1916（営業部）
振替番号　00190-7-98602

印刷／大日本印刷
製本／フォーネット社
ISBN 978-4-413-09511-2